JN291046

じぶんでじぶんをまもろう ③

「いや!」と いうよ!

性(せい)ぼうりょく・ぎゃくたいに あわない

嶋﨑 政男・監修
東京都福生市教育委員会参事

すみもと ななみ・絵

ねえねえ、アンちゃんに、ゼンくん。このあいだ、あかね町のお寺に行く道のとちゅうに、へんな人が出たんだよ。しってる？

わたし、その男の人、見たよ。きているコートを広げたら、ズボンをおろしてたの。もうびっくりして、足がうごかなかった。

ハナ丸くん
あかね町に住んでいるみんなの友だち。
いっしょにあそんだり、そうだんにのったりしているよ。

へーっ。
そんなへんな人がいたの？
いやだね。

ゼンくん
元気いっぱいの男の子。
サッカーが大すき。

アンちゃん
おっとりやさしい女の子。
ハナ丸くんとなかよし。

モモちゃんはしってた？

…………。

モモちゃん
アンちゃんのなかよし。
おとなしいけど、しっかりもの。

こまったことに、きみたちみたいな小さな子どもの心とからだを、
きずつけるようなことをする、わるいおとながいるんだ。
そういう人は、とつぜんきみたちの前にあらわれて、
むりやりいやなことをしようとしたり、
車にのって「送ってあげようか？」と、やさしいことばをかけてきたりする。
もっとざんねんなことに、それは、よくしっている人のばあいもあるんだ。
それから、「きみのためだ」といってきみをたたいたり、
ごはんをくれなかったりするおとうさんやおかあさんも、いるかもしれない。
でも、なにがおこっても、きみたちの心とからだは
まもられなくてはいけないんだよ。もしも、そんなふうに、
きみたちの心とからだがきずつくようなことがおこったら、
どうしたらいいかな？　みんなで考えてみよう。

ケンゾウおじいさん
むかしからあかね町に住んでいて、子どもたちの安全を
みまもっている、ものしりのおじいさん。

もくじ

- むりやり暗いところにつれていかれたモモちゃんの話 ── 4
- おじさんにふくをぬがされて、「ひみつだよ」といわれたら？ ── 12
- 「これは、しつけだ」と、おとうさんに、たたかれたら？ ── 20
- 性ぼうりょく・ぎゃくたいにあわないために、できることを考えよう ── 28
- なにかあったら、ここにでんわして、そうだんしよう ── 30

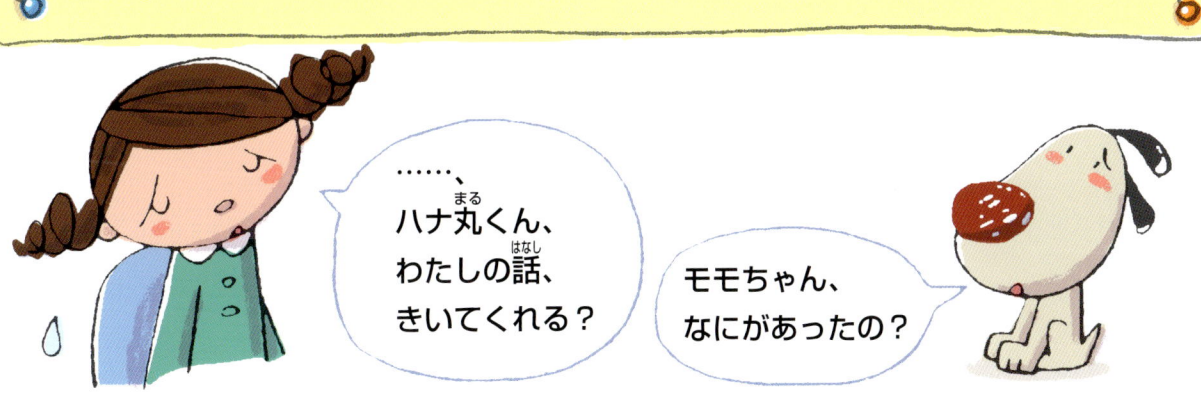

……、
ハナ丸くん、
わたしの話、
きいてくれる？

モモちゃん、
なにがあったの？

むりやり暗いところにつれていかれたモモちゃんの話

わたし、
学校から帰るとちゅう、
教室にわすれものをしたのを
思い出したの。
そして、アンちゃんとわかれて、
ひとりで学校へもどるとき、
近道をしちゃったの。

そこは、
ひとりでは通っては
いけないっていわれていた
せまい道だったんだけど、
まだ明るかったし、
いそいでいたから…。

そうしたら、
とつぜん、
たてもののかげから、
しらない男の人が
あらわれたの。
わたしは手をつかまれて、
暗いところに
ひっぱりこまれて…。

その男の人は、わたしの口をおさえて、声が出ないようにしたわ。
わたし、あまりにこわくて、
ぶるぶるふるえて、からだが動かなかった。
そしたら、男の人は、わたしのからだのあちこちを、
べたべたさわってきたわ。
わたし、きもちわるくて、こわくて、なみだが出てきたの。
すると、こんどは、わたしのスカートをめくって、パンツをおろそうとしたの。
わたし、もうがまんできなくて、男の人の手をかんで、
「いや————っ！！！」って、さけんだ。

モモちゃん、かわいそうに。
そんなこわいめにあったの？
ねえ、みんな。
みんなだったら、どうする？

性ぼうりょくは、ぜったいにあってはならないことだ。

　きみたちが、毎日元気でくらしていけるのは、おとうさんとおかあさんから、きみだけの、たったひとつのからだを、さずけてもらったからだ。だから、きみのからだは、だれからもまもられなくてはならない。それだけ大切なものなんじゃよ。

　だけど、ざんねんなことに、おとなのなかには、そんなきみのからだをきずつけようと思っている、わるい人もいるんだ。そういう人は、まわりに人がいないところにきみをつれていって、ふくをぬがせたり、からだをさわったりして、きみにとっていやなこと、へんなことをしようとしたりする。そういうことを、「性ぼうりょく」というんだ。

　性ぼうりょくは、ぜったいにあってはならないことだ。なぜなら、それは、きみのからだや心をきずつけてしまうことになるからだ。だれも、そんなことをされてはいけないんじゃよ。

　そのためには、ふだんからひとりにならないように、暗い場所には行かないようにしてほしい。そして、「なにか、へんだ」「なんだか、いやなかんじがする」という、じぶんのなかの心の声を大切にしてほしいな。

じぶんのからだは、とても大切だよ。

きみのからだは、おとうさんとおかあさんからもらった、とっても大切なものだ。かってに、ほかの人がさわってはいけないんだよ。でも、もし、きみがのぞんでいないのに、からだをさわられて、きみがきずついたりしたら、それは「性ぼうりょく」なんだ。

きみのからだがきずついたら、心だって同じようにきずついてしまう。だれも、きみをきずつけてはいけないんだよ。

きみは、おとうさんのたからものだ。

じぶんを大切にしてね。

「なにか、へんなかんじ」という、心の声をきこう。

わるいおとなは、きみがひとりでいるときや、まわりに人がいないときをねらってやってくる。うまくことばにできないけど、「なんだか、へんだ」というきみのなかの心の声がしたら、すぐにその場からにげるんだ。そういうふうにかんじることで、きみの安全は、さらにしっかりと、まもられることになるんだよ。

「いつもよりひと通りが少ない。」
「気をつけよう。」
「きょうのふくかわいいね。」
「先生、いつもとちがう…。」

性ぼうりょくにあわないために、こうしよう。

- ひとりにならない。
- 人の目がとどかない、暗いところへ行かない。
- とまっている車に近づかない。
- しらない人や、しっていても、あまりしたしくない人に声をかけられても、ぜったいについていかない。
- 「なにかへんだ」とかんじたら、すぐにげる。

「キミ！」

いやなめには、ぜったいあいたくないよね。そのためには、どうすればいいんだろう。次のページで考えよう。

もしも、ひがいにあっても、きみはぜったいに、わるくないよ。

　きみが、じゅうぶんに気をつけていても、あぶないめにあってしまうことがある。
　ふだんから、しらない人とは話さないとか、さみしい道は通らないとか、とまっている車には近づかないとか、おうちの人とやくそくしていても、ほんのいっしゅんでも、きみがひとりになったときをねらって、わるい人はやってくるからだ。 
　もしも、きみが性ぼうりょくのひがいにあってしまったら、きみのからだと心は、すごくきずつくだろうと思う。不安になって、じぶんがわるかったんだと思ってしまうだろう。だけど、そんなことはない。いけないのは、きみにそういうことをした、わるいおとなだ。きみはちっともわるくないんじゃよ。
　だから、もし、そういうことがおきてしまったら、ひとりでなやまないで、おうちの人や先生にそうだんしよう。きみが、そう話しても、だれもきみのことをおこったりはしないからね。

きみは、ぜんぜんわるくないよ！

きみがもし、そういう、いやなめにあってしまったとき、
どんなきもちになるだろう？

| すごく不安。こわくてたまらない。 | → | そんなめにあったのは、わたしのせいだわ。わたしが、わるいんだ。 | → | いやなことはわすれよう。なかったことにしてしまおう。 |

↓

だけど、やっぱりつらい。かなしい。どうしたらいの？だれか、たすけて！

わるいのは、きみじゃないんだ。ひとりでなやまないで、おうちの人に話してみようよ。

もしも、いやなことをされそうになったら？

● 大声で「いや！」とさけぶ。

● 明るいほうへ、人のいるほうへ、大声を出してにげる。
防犯ブザーをならす。

● つかまりそうになったら、あばれる。

手をかんだり…
足をふんだり、けったり……

● つれていかれそうになったら、しゃがみこんで、ぜったいに動かない。

だんご虫みたいにまるくかたまろう！

ガンバレー

いざというときのために、にげるれんしゅうをしておこうね（28ページを見てね）。モモちゃんは、そのあと、どうしたのかな？

大声を出したモモちゃんに気がついて、
通りかかったおとなが
たすけにきてくれたんだって。
男はけいさつにつれていかれて、
モモちゃんはぶじに家に帰ったんだ。

1.

2. ねえ、モモ。本当はなにがあったの？ママに話して。

3. ママ、あのね…。

4. こわかったわね。話してくれてありがとう。なにがあっても、モモはわるくないのよ。

よかったわ、モモちゃん。
おかあさんに
話すことができて。

うん。
モモちゃんは、
わるくないよね。

そうだね。モモちゃんは
通ってはいけない道を
歩いてしまったけれど、
でも、モモちゃんはわるくないんじゃ。
わるいのは、そういうことをする、
おとなのほうだよ。

もしも、性ぼうりょくにあってしまったら、こうしよう！

- 「いや！」と大声を出して、にげる。
- つかまりそうになったら、あばれる。
- じぶんがわるいと思わない。
- しんらいできる人に、そうだんする。

おじさんにふくをぬがされて、「ひみつだよ」といわれたら？

ゼンくんのおじさんはやさしくて、
いつもゼンくんとあそんでくれるので、
ゼンくんは大すきでした。
でも、ある日のこと…。

> ぼく、おかあさんに、このことを
> いったほうがいいのかな。

> このちょうちょ見たよ！

> ゼン、大きくなったなあ。
> ちょっと、ふくを
> ぬいでみてくれよ。

> えっ！？

なんでもないよ。
へんしんごっこさ。
ほら、マントだ。

うん、わかった。

これは、ひみつだよ。
おとうさんにも
おかあさんにも
いうなよ。

うん、わかった…。

へんなの…

なかよしのおじさんだけど、
はだかにされるなんて、へんだよね。
ねえ、みんな、こんなとき
どうすればいいのかな？

「よいタッチ」「わるいタッチ」のことをしっておこう。

タッチ…

おかあさんに、だきしめられたとき、どんなかんじがするかな？　いいにおいだね。あったかいね。「よいタッチ」は、そんなふうに、さわられてうれしくなるような、いいきもちになる。

反対に、「わるいタッチ」は、いやなきもちになるものだ。たとえば、なぐられたり、けられたりするのは、いたいからいやだよね。かってにからだにさわられると、はずかしいし、へんなかんじ。なにを考えていいのか、わからなくなってしまう子もいるだろう。

きみたちのからだは、どこも大切だ。なかでも、とくに、まもられなくてはならない場所がある。それは、水着をきて、かくれるところだよ。そこは、じぶんだけがさわっていい「じぶんだけの場所」なんじゃ。

もしかしたら、よくしっている人から、きみの「じぶんだけの場所」をさわられたりすることがあるかもしれない。それは、わるいタッチだ。そんなときは、がまんしないで、「いや！」「やめて！」といって、にげよう。

きみのからだで、とくに大切な場所はここだよ。

じぶんのからだは、じぶんだけのもの。だから、ほかの人から、かってにさわられたりしてはだめだ。そのなかでも、じぶんだけがさわっていい、とくに大切なところがある。この本では、そこを「じぶんだけの場所」（「ぼくだけの場所」「わたしだけの場所」）とよぶよ。

ここを、ほかの人からかってに見られたり、さわられたりしたら、「いやだ！」といって、すぐににげよう。

水着でかくれているところが、「じぶんだけの場所」だよ。

ぼくだけの場所　わたしだけの場所

14

きもちがいいのは、よいタッチ。
いやなかんじがするのは、わるいタッチ。

よいタッチ

きもちいい。

安心(あんしん)する。

うれしい。

わるいタッチ

いたい。

なんだか、へんだ。
はずかしい。

こわい。

きみが、あいての人(ひと)を
すきだから、
あいての人(ひと)も、きみのことが
大切(たいせつ)だから、
やさしいきもちになるね。

たたかれたり、
むねやおしりをさわられたら、
いやなきもちになるよね。
そういうことをされそうになったら、
すぐに、はなれて、にげるんだよ。

よいタッチ、わるいタッチのこと、
わかった？
きみのことを、
だいじに思(おも)っていてくれる人(ひと)は、
わるいタッチなんて、
しないんだよ。

15

ほかの人に話していい「ひみつ」もあるんだ。

　「これは、ひみつだよ」「だれかに話したら、もっとひどいめにあわせるよ」「きみの話をしんじる人が、いるかな？」わるいことをしたあと、そういって、きみをおどかすわるいおとながいるよ。

　なぜなら、わるいおとなは、それがいけないことだと知っているからだ。そして、そのことを、きみが、ほかの人に話したら、こまるからなんじゃよ。

　いやなことをされたと思ったら、かならず、おうちの人や先生など、しんらいできるおとなに話そうね。だれも、きみをおこったりしないよ。「よく、話してくれたね」といって、きっと、だきしめてくれるはずだ。

　それから、じぶんがわるいんだなんて、ぜったいに思わないこと。わるいのは、そういうことをしたおとなだ。だから、勇気を出して、そうだんしよう。

「ひみつ」にしなくてもいいことがある。

いやなことをされて、「これは、ひみつだよ」といわれても、そういう人のいうことは、ひみつにしなくていいんだよ。
きみにおこったことは、かならず、しんらいできる人に話そう。

いい？これは、ひみつだよ。

なんか、へん…。

いやなことは「いや！」と、はっきりいおう。

「へんだ」とかんじたら、すぐに、その場からにげよう。いやだったら、「いや！」とはっきりいっていいんだ。
「いや！」は、じぶんをまもることばだよ。

きがえようか。

いや！

しんらいできる人に話そう。

きみが、いっしょにいてやさしいきもちになれる人は、しんらいできる人だ。その人は、きみが本当のことをいっても、けっしておこらないよ。ほかにも、きみの話をよくきいて、きずついた心をなおしてくれる、せんもんの人もいる。
まわりのおとなは、みんな、きみをまもってくれるんだ。

おばさん、あのね…。

もう、だいじょうぶよ。

こんなこと、されたんです。

そうすればいいのか！
ゼンくん、
次におじさんにあったとき、どうしたのかな？

おじさんが、ゼンくんの家に
やってきたよ。
そして、ゼンくんのへやで、
また、へんしんごっこを
しようっていうんだ。

1 やあ、ゼン。また、このあいだのへんしんごっこ、やろうよ。

2 やだ！ ぼく、そんなことするの、きもちわるいから、したくない！

3

4 おかあさん、ぼくね…。
ゼン、よく話してくれたわね。

そうよ、
ゼンくんは
わるくないんだから、
ひみつにしなくて
よかったのよ。

うん。おかあさんが、
おじさんにちゅういして
くれたんだ。
それから、おじさんは
家(いえ)にこなくなったよ。

よかったね

うん
うん

いやなさわられかたをしたら、こうしよう！

- きっぱり「いや！」という。
- ひみつにしない。
- しんらいできる人(ひと)に話(はな)す。
- そういうことをする人(ひと)には、近(ちか)づかない。

「これは、しつけだ」と、おとうさんに、たたかれたら？

アンちゃんは、友だちのユウくんの手にあざのようなものがあるのを見つけました。
「どうしたの？　いたい？」ときいても、ユウくんはだまって、首をふるばかりです。

> ユウくんが、さいきん元気がないのよ。

> こら、ユウ。はしのもちかたがちがう！

なんでごはんを こぼすんだ！

おまえのためを思って、やっているんだぞ。

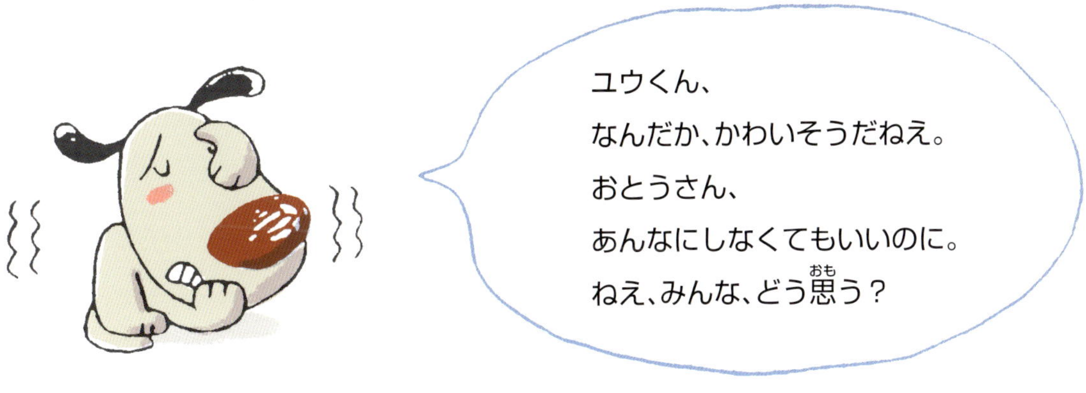

ユウくん、
なんだか、かわいそうだねえ。
おとうさん、
あんなにしなくてもいいのに。
ねえ、みんな、どう思う？

ぎゃくたいは、ぜったいにあってはならないことだ。

　おうちの人から、「ここへ行ってはいけないよ」といわれていたところに行ってしまったとき、先生から、「こんなことをしてはいけません」といわれていたことをしてしまったときなど、しかられたことは、だれにでもあると思う。

　だけど、してはいけないことをしてしまって、きみが「もうしません」といっているのに、それでもしかったり、どなったり、ぼうりょくをふるったりすることは、おとなは、ぜったいにしてはいけないんじゃ。

　「おまえのためだから」とか、「しつけなんだ」とかいわれても、きみの心とからだは、とてもきずつくよね。これを「ぎゃくたい」というんじゃよ。

　だれだって、一方的にどなられたり、たたかれたりということは、されてはいけない。たとえ、そんなことをされたとしても、きみがわるいからじゃないんだよ。

理由もなく、しかられることはないよ。

なにもわるいことをしていないのに、「ダメな子」「グズね」としかられたり、してはいけないことをして、あやまっているのに、たたかれたりしたことがあるだろうか？
だけど、それは、きみのせいじゃない。どうどうとしていて、いいんだよ。

「なにも、わるいことしていないよ！」

こんなこと、されてないかな？
それは、どんなきもち？

● ごはんを食べさせてもらえない、おふろに入れてもらえない、ふくをあらってもらえないなど。（ネグレクトという）

おなかすいた。

ふくをきがえないから、いじめられる。学校へ行きたくないな。

● たたかれたり、水をかけられたりする。

つらい。

● へやにとじこめられて、出してもらえない。

かなしい。

● いやなことばを、なんどもいわれる。

グズね。
ダメな子！
のろまだな。
もう、ききたくない。

● 家に入れてもらえない。

ぼくが、わるいんだ。

こんなことされたら、ぼく、どうしよう。どうしたらいいのか、次のページで考えようね。

ぎゃくたいにあったら、しんらいできる人に話そう。

きみは、いま、かぞくや友だちにかこまれて、安心できる場所で、幸せな毎日をすごしているだろうか？　できれば、みんながそうであってほしいと思う。

だけど、かなしいことに、きみの近くにいるおとなが、ことばやぼうりょくできみをきずつけるということが、おこることがある。本当は、そういうことは、あってはならないことなんじゃ。

でも、もし、きみが、そういうことできずつけられたとしたら、きみのまわりにいる、しんらいできる人にそうだんしよう。

「ひみつだよ」といわれたことも、ひみつにしないで、しんらいできる人に話してみよう。それは、勇気がいるかもしれない。はずかしいと思ってしまうかもしれない。だけど、きみが、それを話すことで、みんなが、きみをまもることができるんじゃよ。

ひみつにしないで、たすけをもとめよう。

きみがだまっていると、また同じようなことが、くりかえされるかもしれない。しんらいできる人に話すことで、きみは、いつまでも、かなしい、つらい思いをしなくてすむんだよ。

だれにもいうなよ！

あなたのためを思って、やっているの。

でも、いたいのも、いやな思いをするのも、もういやなんだ！

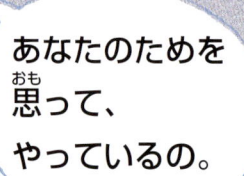

だれか、たすけて！

しんらいできる人にそうだんしよう。

ねえ、
ケンゾウおじいさん。
しんらいできる人って、
どんな人？

そうだね。
それは、きみがいっしょにいて、
いいきもち、やさしいきもちに
なれる人のことじゃよ。
きみがしんらいする人だったら、
小さなきみだけでは
かいけつできないことも、
きっとそうだんに
のってくれるにちがいないよ。

みぢかな人たち

おとうさん　おかあさん　おじいちゃん　おばあちゃん　学校やじゅくの先生

しんせきのおじさんやおばさん

**なやみをきいてくれる
せんもんの先生**

そうか。
きみのまわりにも、
そういう人がいるよね？
次のページで、ユリちゃんは、
たんにんの先生に
そうだんしたみたいだよ。

ゼンくんの友だちのユリちゃんは、ピアノがじょうずだよ。
でもね、さいきん、ママにしかられてばかりなんだって。

1
ヘタクソね！ほんとにグズだわ。

2
先生、わたし…。

3
そうだったの。先生が話してあげるわ。

4
少しくらい、まちがえてもいいよ。
そうね…

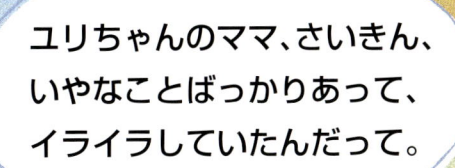

「ユリちゃんのママ、さいきん、いやなことばっかりあって、イライラしていたんだって。」

「だから、ユリちゃんにあたって、ひどいことをしてしまっていたのね。」

「おとなでも、つらい思いをしている人や、子どものころに、じぶんがぎゃくたいをうけていた人は、じぶんの子どもにも、そういうことをしてしまいやすいんじゃよ。」

カワイイ♡

くすぐったいよ

もしも、ぎゃくたいにあったらこうしよう！

● ひみつにしない。

● がまんしない。

● しんらいできる人に話す。

性ぼうりょく・ぎゃくたいにあわないために、できることを考えよう

ねえ、みんな。じぶんのからだはとっても大切で、
それは、だれからもまもられなければならないことが、わかったよね。
そのためには、ふだんから、いろいろなことに
気をつけるひつようがあることも、わかったよね。
でも、もし、性ぼうりょくやぎゃくたいにあってしまったら、
いやなことは「いや！」と、はっきりいおう。
そして、しんらいできる人に、そうだんしようね。
きみたちが安心して、たのしくすごせるように、
できることをれんしゅうしてみない？

おうちの人と、れんしゅうしよう！

- しらない人とは、じぶんのりょううでを広げた長さのぶんだけ、はなれる。

- 大声を出すれんしゅうをしよう。

つかまりそうになったときのために

- あいての手を、思いきりかむ。
  手がいたくないように、おとうさんに、てぶくろをしてもらってもいいよ。

- あいての足を、思いきりふんだり、けったりする。

こんなことが
わかったよね。
おぼえた？

- じぶんのからだは、とても大切だ。
- ひとりにならない。
- 人の目がとどかない、暗いところへは行かない。
- とまっている車に近づかない。
- しらない人に声をかけられても、ぜったいについていかない。
- 「なにかへんだ」とかんじたら、すぐにげる。
- へんなことをする人には、近づかない。
- いやなことは「いや！」と、大声でいってにげる。
- わるいタッチをされたら、すぐににげる。
- ひみつにしない。がまんしない。
- しんらいできる人を見つけて、話す。

- おとうさんにうしろから
つかまえてもらおう。
りょうひじをおなかの前にぎゅっと
よせる「ぶりっ子ポーズ」をして、
しゃがみ、おとうさんのうでから、
すりぬけて、にげるんだ。

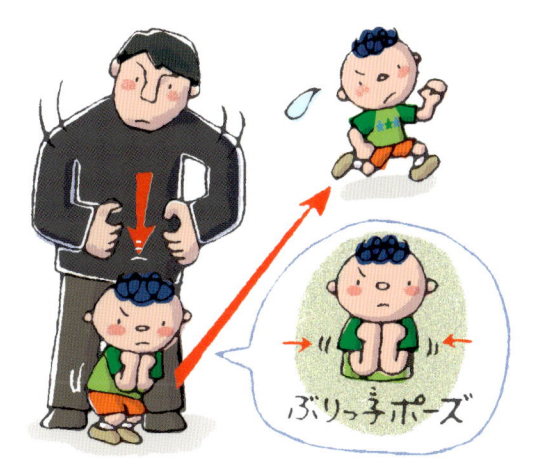

ぶりっ子ポーズ

つかまって、つれていかれそうに なったときのために

- 力いっぱいしゃがみこんで、ひざをかかえる。
じぶんが、だんご虫になったつもりでね。
こういうしせいをとると、
おとなの人でも、もちあげにくいんだ。

たすけが
くるまで、
ぜったい、
動かないぞ！

なにかあったら、ここにでんわして、そうだんしよう

都道府県名	そうだん先	でんわばんごう	都道府県名	そうだん先	でんわばんごう
北海道	子どもの人権ホットライン※	011-728-0780	神奈川県	NPO法人子ども虐待ネグレクト防止ネットワーク	0463-90-2260
	北海道子どもの虐待防止協会	011-640-5800	新潟県	子どもの人権110番※	025-229-0110
青森県	子ども人権110番※	0177-74-1020	富山県	子どもの人権110番※	076-441-1161
岩手県	子どもの人権110番※	019-626-2655	福井県	子どもの人権110番※	077-626-9777
宮城県	子どもの人権ホットライン※	022-224-1200	石川県	子ども人権110番※	076-291-0210
	子ども虐待防止ネットワーク・みやぎ	022-265-8866		子どもの虐待防止ネットワーク石川	076-296-3141
秋田県	人権いじめホットライン※	018-862-6533	山梨県	子どもの人権110番※	055-252-0110
山形県	子どもの人権110番※	023-634-9110	長野県	子どもの人権110番※	026-232-8110
福島県	子どもの人権電話相談※	024-536-1155		ながの子どもを虐待から守る会	026-268-0008
東京都	子どもの人権110番※	03-5689-0535	静岡県	子どもの人権110番※	054-254-3555
	社会福祉法人子どもの虐待防止センター	03-5300-2990	岐阜県	子どもの人権110番※	058-240-5510
			愛知県	子ども人権110番※	052-952-8110
	せたがやチャイルドライン▲	03-3412-4747		NPO法人子どもの虐待防止ネットワーク・あいち	052-232-0624
茨城県	子どもの人権110番※	029-231-5500			
	いばらき子どもの虐待防止ネットワーク"あい"	029-309-7670	三重県	子どもの人権110番※	059-224-3535
			滋賀県	子どもの人権110番※	077-522-0110
栃木県	子どもの人権110番※	028-627-3737	京都府	子どもの人権110番※	075-231-2000
群馬県	子どもの人権110番※	027-243-0760		チャイルドライン京都・子ども電話▲	075-594-8120
埼玉県	子どもの人権110番※	048-863-6194	大阪府	子どもの人権110番※	06-6942-1183
	NPO法人埼玉子どもを虐待から守る会	048-835-2699		子どもの虐待防止ホットライン	06-6762-0088
千葉県	子ども人権相談※	043-247-9666	兵庫県	子どもの人権110番※	078-393-0118
	チャイルドライン千葉・子ども電話▲	043-204-1332		阪神子どもの虐待防止ネットワーク　ほっと	0798-44-4150
神奈川県	子ども人権110番※	045-212-4365		CAPセンターJAPAN	0798-57-4121

※のしるしがついているのは、各都道府県の法務局のそうだん先です。　▲のしるしがついているのは、18さいまでの子どもせんようのでんわです。

全国の子どもたちのそうだんにのってくれているところだよ。こまったり、だれにも話せなかったりしたら、ここにでんわしてみるといいよ。

もしもーし

親子で、利用しよう。

つらくて、「もう死んでしまいたい」なんて、考えたら、ちょっとまって！ここにでんわをしてみてね。

都道府県名	そうだん先	でんわばんごう
奈良県	子どもの人権110番※	0742-23-5734
和歌山県	子どもの人権110番※	073-425-2704
鳥取県	子どもの人権110番※	0857-27-3751
島根県	子どもの人権110番※	0852-26-7867
岡山県	子どもの人権110番※	086-224-5657
広島県	子どもの人権110番※	082-228-4710
	子ども虐待ホットライン広島	082-246-6426
山口県	子どもの人権110番※	083-920-1234
徳島県	子どもの人権110番※	088-622-8110
香川県	子どもの人権110番※	087-821-6196
	NPO法人子どもの虐待防止ネットワーク・かがわ	087-888-0182
愛媛県	子どもいじめ電話相談※	089-932-0877
高知県	子どもの人権110番※	088-822-6505
福岡県	子ども人権110番※	092-715-6112
	NPO法人ふくおか子どもの虐待防止センター	092-832-3030
佐賀県	子ども人権110番※	0952-28-7110
長崎県	子ども人権110番※	095-827-7831
熊本県	子どもの人権110番※	096-364-0415
大分県	子どもの人権110番※	097-532-0122
宮崎県	子どもの人権110番※	0985-20-8747
	NPO法人子ども虐待防止みやざきの会	0985-85-4641
鹿児島県	子ども人権110番※	099-259-7830
沖縄県	子ども人権110番※	098-853-4460

日本いのちの電話連盟事務局
03-3263-6165
http://www.find-j.jp/

※このでんわばんごうは、受けつけせんようです。ここで都道府県別のそうだん先のでんわばんごうをきいてね。

もちろん、みぢかな人にそうだんしてもいいんだよ。

おうちの人にかいてもらおう。

● きみが通っている学校のでんわばんごう

● きみが住んでいる町の警察署や交番のでんわばんごう

● おとうさんのはたらいている会社のでんわばんごう

● おとうさんのけいたいでんわばんごう

● おかあさんのはたらいている会社のでんわばんごう

● おかあさんのけいたいでんわばんごう

じぶんの家の住所とでんわばんごうも、いえるようにね。

住所

でんわばんごう

いやなことは「いや！」といえる勇気をもとう

嶋﨑 政男（東京都福生市教育委員会参事）

「こどもだから」とか「じぶんより弱そうだから」とかいって、子どもにぼうりょくをふるったり、からだをさわったりする人がいます。

それは、通りすがりのぜんぜんしらない人の場合もあるし、しらない人ではなくて、いっしょにあそんでくれる人の場合もあります。もしかしたら、おうちの人が、あなたに、あなたがいやがることをすることだってあるのです。

もしも、そういうことがおこったら、どうしますか？

「じぶんが、いけなかったと思う」「ひみつだといわれたから、ひみつをまもる」「しっている人だから、がまんする」。どれもよくないことです。

わるいのは、ひどいことをする人です。された人は、少しもわるくはありません。

だから、さわられていやなきもちがしたり、からだをたたかれたりしたら、「いや！」「やめて！」と、はっきり、いっていいのです。にげていいのです。それが、しっている人だからといって、がまんすることはありません。

それから、わるいことは、ひみつにしておいてはいけません。わるいことは、じぶんの心の中に、しまっておいてはいけないのです。

わるいことをする人は、「だれかに話したら、ひどいめにあわせるよ」といって、あなたをこわがらせようとします。でも、あなたが話さないでいると、その人は、もっとひどいことをするようになるのです。だから、ぜったいに、ひみつにしないでほしい。

いやなことをされたら、しんらいできるおとなに話しましょう。おうちの人や先生に心配をかけるから話せないのだとしたら、しんせきのおじさん、おばさんでもいいんですよ。

この本にかかれていることをよんで、力がわいてきたら、もう、ひとりでなやまないで。いやなことは「いや！」といえる、じぶんでじぶんをまもる力をつけていきましょう。

じぶんでじぶんをまもろう③
「いや！」というよ！
性ぼうりょく・ぎゃくたいに あわない

発　行	2006年2月　初版発行 2019年10月　第3刷
監　修	嶋﨑政男
絵	すみもとななみ
発行者	岡本光晴
発行所	株式会社あかね書房 〒101-0065　東京都千代田区西神田3-2-1 電話　03-3263-0641（代） http://www.akaneshobo.co.jp
印刷所	吉原印刷株式会社
製本所	株式会社難波製本

©Masao Shimazaki, Nanami Sumimoto 2006 Printed in Japan
ISBN978-4-251-04093-0

※ 落丁本・乱丁本はおとりかえいたします。
※ 定価はカバーに表示してあります。
※ 本書で紹介している情報は、2006年1月現在のものです。

監修／嶋﨑 政男（しまざき　まさお）
東京都立大学心理学科卒業後、東京都公立中学校教諭、都立教育研究所学校教育相談研究室指導主事、杉並区天沼中学校校長等を経て現在は東京都福生市教育委員会参事。日本学校教育相談学会事務局長なども務める。編著書に「いじめの解明」（第一法規）「学校の危機管理ハンドブック」（ぎょうせい）等多数。

絵／すみもと ななみ
1963年横浜生まれ。多摩美術大学グラフィックデザイン科卒業。広告代理店、プロダクションなどでグラフィックデザイナーとして勤務し、1994年にデザインオフィス「スパイス」を設立。後にイラストレーターへ転身。雑誌、書籍などエディトリアルを中心に活動中。

装丁・デザイン／芝山雅彦（スパイス）
編集／下平紀代子（Office Q.U.U.）

NDC370
31ページ
27cm